了不起的故宫

一起建皇宫

有鱼童书 著/绘

化学工业出版社

·北京·

图书在版编目（CIP）数据

一起建皇宫/有鱼童书著、绘．—北京：化学工业出版社，
2020.9（2023.7重印）
（了不起的故宫）
ISBN 978-7-122-37469-1

Ⅰ．①一… Ⅱ．①有… Ⅲ．①故宫－北京－少儿读物
Ⅳ．① K928.74-49
中国版本图书馆CIP数据核字（2020）第139653号

责任编辑：张　曼　龚风光　　　　　　内文设计：朱廷宝
责任校对：宋　玮　　　　　　　　　　　封面设计：尹琳琳

出版发行：化学工业出版社（北京市东城区青年湖南街13号　邮政编码100011）
印　　装：天津市银博印刷集团有限公司
787mm×1092mm　1/16　印张 6½　字数100千字　2023年7月北京第1版第9次印刷

购书咨询：010-64518888　　　　　　　售后服务：010-64518899
网　　址：http://www.cip.com.cn
凡购买本书，如有缺损质量问题，本社销售中心负责调换。

定价：39.80元　　　　　　　　　　　　　　　　　　版权所有　违者必究

名家推荐

"了不起的故宫"系列富有知识性和趣味性，当孩子们打开这套书时，那些枯燥的建筑和历史知识立刻变得立体和鲜活起来，变得有品质、有趣味、有美感，我们可以把故宫带在身边啦！

——国家"五个一工程"奖、全国优秀儿童文学奖、国家图书奖、冰心儿童图书奖获得者，著名童书作家　王一梅

故宫不仅是一座古老的宫殿，更是中华文化的至宝，它穿越时空，沉淀丰富的文化和生活细节。"了不起的故宫"系列专门为青少年量身打造，通过有趣的故事和知识播种文化的种子，激发孩子对传统文化的热情。

——国家"五个一工程"奖、全国优秀儿童文学奖、国家图书奖、宋庆龄儿童文学奖、冰心儿童图书新作奖获得者，著名童书作家　冰波

故宫是中国最大最美的建筑宝库，中国人的营造智慧中充满了永不过时的哲学和思想。故宫的红房子里还藏着无数秘密，历史的秘密、皇帝的秘密、奇珍异宝的秘密、怪兽的秘密……这套书就像福尔摩斯，带着我们去侦破秘密。

——中国作家协会散文委员会委员，人民文学奖、朱自清散文奖获得者　蒋蓝

故宫不仅是一座宫殿，也是一部中华文明史。故宫不仅年老，也很年轻。故宫不仅是文化专家研究的殿堂，也是青少年学习的宝藏。故宫不仅是中国的，也是世界的。"了不起的故宫"系列做了一件了不起的事！

——全国宣传思想文化青年英才、讲好中国故事专家　孙敬鑫

故宫是一座神奇的建筑群,"了不起的故宫"系列精心再现昔日故宫的建造故事,有颜有趣有料,好看好读好玩!

——著名摄影家、《看不见的故宫》作者　李少白

600个春秋,72万平方米的广阔空间,近9000间房子,180余万件馆藏文物,面对如此巨大而丰富的故宫,你的探索之旅准备从哪里启程呢?"了不起的故宫"系列提供了这样的可能:和"样式雷"一起画图纸盖房子,围观皇帝一天的生活,寻找藏在建筑里的神兽,欣赏藏在宫殿里的大宝贝,看工匠们搬木材、运石头、建皇宫,还可以一起过个热闹的中国节。我相信,不只是孩子们能够从书中找到解开故宫密码的钥匙,家长们也能发现红墙黄瓦间不一样的风景。那就带上这套书,一起去故宫吧!

——考古学博士、艺术史专业博士后、中央美术学院教师、《国家宝藏》国宝守护人　耿朔

翻开"了不起的故宫"这套专为孩子量身打造的故宫百科,宛如一双稚嫩的小手推开紫禁城厚重的朱漆大门,进入穿越时空的门洞。故宫俯下身来为孩子讲述奇妙的故事,破解有趣的谜团,打开好玩的百宝箱,送上惊喜的礼物。"博物馆奇妙夜"的创意和"我在故宫修文物"的匠心,让收藏在禁宫里的文物活起来,给未来种下一颗有温度的"中国芯",静待花开会有期!

——故宫博物院博士后　池浚

前 言

一座神奇的树屋

小朋友们看过《神奇树屋》吗？书中的杰克和安妮利用神奇树屋穿越时空，飞到世界各地，是不是很神奇？

其实，在我们中国有一座更神奇的大树屋。600多年前，明朝的永乐皇帝朱棣下令将一棵棵参天大树，从遥远的四川、云南、贵州等地的大山深处运进北京，搭建了世界上最漂亮最宏伟的树屋——紫禁城，也就是今天的故宫。

在这座神奇的树屋里，木头发挥了极其重要的作用，它同石材、泥土一起，成为故宫建筑世界里的三大主角。

科学家说，人类是从森林里走出来的。古人采集果子充饥，用树叶当衣服，逐渐学会了在树上建房子和钻木取火，不断发展着人类的文明。

中国古人亲近大自然，无论是君主还是百姓，都喜欢用木材来建造自己的房屋。不但如此，古代的能工巧匠们还把木材应用到生活的方方面面，把一块块木头变成了漂亮的家具、厉害的武器、动听的乐器、美丽的木雕、有趣的玩具，等等。

更神奇的是，传说中国历史上有一位叫鲁班的木匠，早在两千多年前就用竹木制造了一只会飞的木鸟，这只木鸟就像飞机一样，在天上飞了整整三天呢。

古代的能工巧匠，就像是技术高超的魔法师，他们将一根根木头变成立柱、梁枋、檩木、椽木，以及精致的门和窗；从天然岩石中开采的笨重石材，在魔法师的手里变成了雕琢精美的石阶、护栏、宫殿基座以及石碑；普通的泥土，经他们施展魔法后，变成了跟黄金一样贵重的金砖。

　　更厉害的是，古人还施展魔法在皇帝的家里设计了许多神奇的机关。这些机关分别藏在屋顶、屋檐、瓦片、石柱等各个地方，因为设计得非常精巧，一般人是看不出来的。在这些神奇机关的帮助下，故宫经历了200多场地震，依然屹立不倒，即使连续下暴雨，也不会被淹没。

　　还有更加神奇的呢，在没有现代化设备的几百年前，皇帝还能躺在冬暖夏凉的房子里，夏天吃冰棍，冬天用暖气，生活得非常滋润。

　　看到这里，你是不是特别好奇，这究竟是什么样的魔法呀？

　　其实，我跟你一样好奇。那么，我们就一起打开本书，开启一段趣味盎然的"魔法"之旅，一起看看故宫是怎么建造的吧。当你揭开一个又一个的"魔法"谜底时，说不定你也能成为故宫建筑小专家呢。

古建筑八作

古人在修建紫禁城的过程中,形成了一套完整的官式古建筑营造技艺。到了清代晚期,营造业形成了"八大作",即瓦作、木作、土作、石作、油漆作、彩画作、搭材作和裱糊作。

目录

壹 把森林搬进皇宫

把森林搬进皇宫	02
故宫为什么不怕地震	06
神龙居住的角楼	10
皇宫里最尊贵的木头	14
一块"瞒天过海"的小木头	18
屋檐飞翘的神奇作用	20

贰 石头大变身

小小石头会变身	30
华表的故事	32
比40头大象还重的一块石头	34
走错了台阶会怎样	38
聪明的古人用什么计时	40
嘉量为什么住在亭子里	42
院子里的报警器	46

叁 泥土有魔法

原来泥土真的会魔法	52
故宫里有哪些中国色	54
金砖是金子做的吗	57
撑起皇宫的砖头	59
故宫屋顶上的奥秘	62
瓦片是怎样穿上彩色衣服的	64

肆 建造有智慧

故宫为什么叫紫禁城	72
故宫里的房子数得清吗	74
皇家匠人"样式雷"的故事	76
故宫的排水妙招	78
故宫里有烟囱吗	82
故宫里为什么放了很多大缸	84
暑天皇上想吃冰	87

写给孩子的话　　　　　　　　　　91

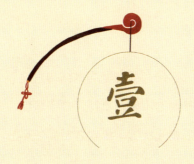

把森林搬进皇宫

把森林搬进皇宫

故宫是世界上现存规模最大、保存最完整的木结构古建筑群。建造这座宏伟的宫殿，普通的木材可不行，必须是优质的木材。可是，这么多木材去哪儿找呢？找到之后又怎么采伐运输呀？

故宫的第一位主人，明朝的永乐皇帝有办法！

早在建造紫禁城之前，他就派出了一大批官员到全国各地的深山老林，他们的任务只有一个，那就是发现品质好的大树！

为了找到符合要求的大树，官员们可没少受苦，他们翻山越岭，好多年都回不了家。工部尚书宋礼曾前后五次到四川监督采伐木材，少监谢安更是长期驻扎在四川，一待就是20年。

功夫不负有心人，他们发现了非常多品质优良的好树木。其中，楠木因为个头高，又结实，非常适合建造大宫殿，最受官员和工匠们的欢迎和重视。

大树是找到了，可是砍伐运输却是个大问题。这些树木巨大，生长在云南和四川的深山老林中，山高路险，又没有先进的砍伐和运输工具，这可怎么办呢？别担心，他们有一套非常专业的采运技术。

他们先在附近的山区，设立一个山厂，配备相应数量的

故宫的木材

故宫建筑为木构系统，梁、椽、枋、柱等均由木材建造，修建故宫至少使用了15种木材。主要宫殿中所用木料多为楠木，从西南各省、长江沿岸及浙赣的深山老林中砍伐后利用江河运送到北京，在崇文门外的神木厂存储加工后用于建造宫殿。

斧手、石匠、铁匠、篾匠、找厢架长、拽运夫等，组成一个完整的团队。

砍树前，先用长木搭成平台让斧手登上去，砍去枝叶。同时，几个人用绳子拉着以防大树倒下伤人。大树砍倒后，斧手在大树上凿孔，称为"穿鼻"，篾匠制作缆索和助滑竹皮，铁匠打制工具，石匠打当路石。他们在陡坡处将低处垫高，再用木头搭起架子，将要运输的木材放在架子上，这个过程叫"找厢"。如果遇到溪流河道，木头就依靠溪水运送。如果溪流水浅，木头漂不起来，就只好耐心等待下雨，溪水上涨后，再把木头运出。

当时还有一个办法，就是将木头滚进山沟编成木筏（就是把木头捆在一起的巨大木排），等待雨季山洪暴发时，再将木筏冲入江河，顺流划行。遇到逆流时，便上岸拉纤。

这期间还发生过一件神奇的事情呢，有一天山洪暴发，一棵大树顺流而下，本来顺顺当当的，却遇到了一块巨石拦路。此时，木头仿佛不高兴了，它发出雷鸣般的巨响，奋力将巨石撞开。让人惊讶的是，巨石虽被撞得四分五裂，木头却完好无损。

这个情景简直太神奇了，工部尚书宋礼赶紧将这件事报告给了永乐皇帝，永乐皇帝听到后非常惊喜，认为这是吉祥之兆，于是将这座大山封为"神木山"。

大量的木头就这样从深山老林里拽运出来，然后通过大运河或沿着大海，被送到北京，这个过程都可以写成一部木头漂流记啦。

一棵大树从勘察到砍伐,再运送到京城,需要两到三年,有的时间更长,需要四五年。数以万计的大树就这样长途跋涉来到了北京,在这里住下来,成为故宫建筑的一部分。

皇帝把森林里最珍贵的大树搬到了皇宫里,让它们变成了高高的柱子、稳固的大梁、美丽的窗户、大大的门、华美的椅子、宽宽的桌子、舒服的床……

故宫为什么不怕地震

1679年9月2日（康熙十八年七月二十八日），北京发生了一场强烈地震。

这次地震虽然发生在白天，但当时天色漆黑，大地像醉汉一样摇摇晃晃，声响震天，德胜门等巨大的城门被震塌，厚厚的城墙毁坏严重，无数官衙、民居都轰然倒塌，死伤的民众不计其数，现场如同人间地狱一样可怕。

奇怪的是，在这么大的地震中，故宫里的宫殿却没有受到太大影响，依然稳稳地立在那里，堪称奇迹。

不但如此，600多年来，北京及周边发生过200多次大大小小的地震，令人惊讶的是，故宫宫殿基本没有出现倒塌的情况，这让无数人感到好奇。

为了揭开这个秘密，中国的建筑专家带着外国同行做了个有趣的实验：他们搭建了一个复制故宫建筑结构的模型，实验模拟了不同震级的地震，每次模拟持续30秒。

在大家的眼皮底下，建筑模型依次挑战4级、4.5级以及5级地震，木质结构的模型出现轻微晃动，砖块砌成的墙体开始松动，但是建筑模型却没有多大变化。实验人员将震度调到7.5级，模型开始剧烈晃动，左右两面的墙明显已经支撑不住，轰然倒塌，但是建筑模型却依然完好。

　　随后，实验升级，震度调到 10.1 级，这是有记载以来最高的地震强度，相当于 200 万吨 TNT 炸药的爆破力。此时，不可思议的一幕发生了，模型在 10.1 级地震中，底座拼命地晃动，柱子都摇摆得快要飞起来啦，模型却仍稳稳当当地立在原地，只是发生了轻微位移。这个实验让外国专家一个个看得目瞪口呆。

　　那么，让模型保持不倒的秘密是什么呢？答案是一只只小小的斗拱。

　　斗拱是什么呀？居然有这样神奇的功能？有人说，中国传统木建筑中，最简单的组合是斗拱，但技术最复杂的也是斗拱。它有多复杂呢？工匠们将拱架在斗上，向外挑出，拱端之上再安斗，拱托着斗，斗托着拱，就像搭积木一样，一层层纵横交错叠加，托着屋檐往外延伸。

　　斗拱之所以这么厉害，在于它不需要一颗钉子，也不用胶水，靠着榫卯结合，就能牢固地组装在一起，像一个结构精巧的支架。它们层层伸展，扩大了横梁的着力面积，将屋顶的重量，传给了立柱。

　　采用榫卯结合的空间结构，如同弹簧一般，遇到地震时，会松动但不会散架，从而使故宫屹立不倒，这也是许多古建筑几百年甚至上千年不倒的奥秘。

在中国古代，聪明的古人有一项了不起的技术发明：他们不用铁钉、不用螺丝钉、不用凝胶，就能把木材接合起来，将它们变成各种各样的建筑，这项神奇的技术叫"榫卯"。就像积木一样，当榫插入卯，两块木头就能连接起来，这是中国传统木作最基本的接合方式。

在榫卯发展过程中，逐渐出现了榫卯技术的构件"斗拱"。斗与拱，是木结构建筑中的支承构件，斗是木垫块，像盛米的斗，拱是弓形的短木，像挽起的弓。在建筑房屋时，人们会在斗上置拱，再在拱上置斗，斗上又置拱。

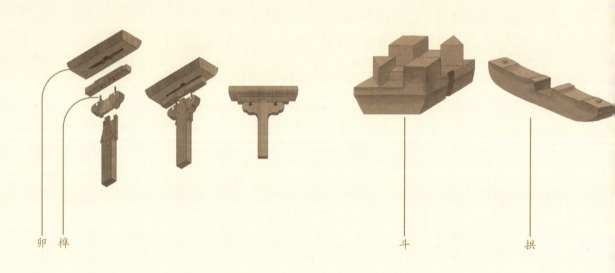

卯　榫　　　　　　　　　　　　　斗　　　拱

斗拱每层有松动的空间，零件的摩擦和转动，抵消了地震产生的冲击力。

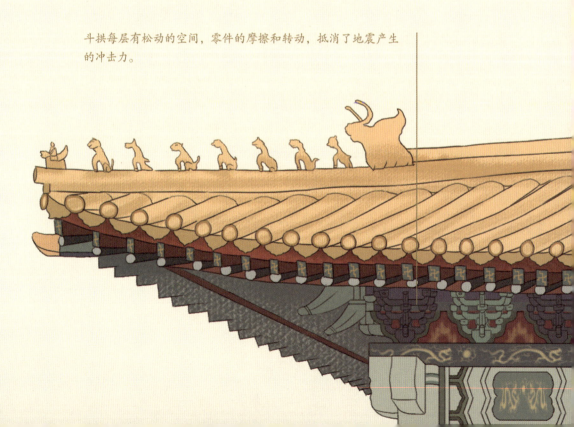

镏金斗拱是明清斗拱的最高形制，故宫里的太和殿就使用了这种斗拱。

神龙居住的角楼

角楼是故宫里造型最为复杂的建筑,作为城墙的高点,具有观察、守望和保卫紫禁城的功能。角楼内部没有一根落地的柱子,更没有楼梯、楼层。

这么漂亮别致的角楼是怎么设计建造出来的呢?这里还有个传说呢。

据说紫禁城建好后,永乐皇帝总是担心自己的宫殿会遭遇火灾,非常苦恼。一位会看星象的人告诉皇帝,说这是因为"紫禁城缺镇城之宝"。后来朱棣做了一个梦,天神告诉他把神龙请进宫来,镇守皇宫的四个角,就可以护佑紫禁城。

朱棣立即召集大臣开会,认为二十八星宿中的角宿是龙头,决定把角宿请下来镇守皇宫,并把角宿住的楼称作角楼。他还要求:每座角楼要有九梁十八柱七十二条脊,三个月内必须完成任务。这下可把工匠们愁坏了,别说建造了,大家见都没见过这样复杂的造型。但是皇帝的命令也不能不执行呀,他们只好凭着自己的想象,设计了很多方案,可全都被皇帝否决了。

就在工匠们苦恼不已时,一个提着蝈蝈笼子的小老头儿走了过来。他听到工匠们嘴中的难题,不禁哈哈大笑,说道:"你们看,这个蝈蝈笼子,不多不少,恰好是九梁十八柱七十二条脊，你们只要照着它的尺寸放大 28 倍建造，角楼就建成啦。"

工匠们对蝈蝈笼子仔细研究了一番，然后照着它的样子绘制出角楼的设计图，呈给皇帝审阅，果然顺利过关。于是精美别致的角楼就诞生了，从此矗立在紫禁城的四角，成了镇城之宝。

角楼是紫禁城城池的一部分,与城垣、城门楼及护城河等一起构成皇宫的防卫设施。

角楼有三重檐,看上去层层叠叠,如同大鸟展翅。

皇宫里最尊贵的木头

2017年11月，湖北省咸宁市嘉鱼县发生了一件引发"轰动"的事情，两根不起眼的木头被估价超过了1000万！

到底是什么木头这么昂贵呢？专家给出了答案：原来这种木头叫金丝楠木，是楠木家族中的一员。

楠木为常绿乔木，高30多米，摸起来细腻润滑，还容易加工，而金丝楠木是楠木中品质最好的，属于家族中的优等生。

金丝楠木不仅具备楠木的优秀品质，还散发着独特的幽香，这种木材不容易腐烂，还能防虫子咬。最神奇的是，它的木纹中有金丝，在阳光的照耀下会闪闪发光，怪不得叫金丝楠木呢。

这么好的东西，可不是谁都能用上的。据说朱元璋在建立大明王朝后，派人将盛产楠木的树林封为"皇林"，每一棵楠木都被霸气地盖上了皇室专用章，不许外人砍伐。有位户部尚书偷偷动了几棵，果然受到了严厉的惩罚。

因为皇帝的偏爱，金丝楠木与皇室结下了不解之缘，成为"皇木"。从明代起，皇家就专门设有置办金丝楠木的部门，普通老百姓向朝廷进贡一根金丝楠木，还可以做官呢。

那么皇室用这么多金丝楠木做什么呢？木材最大的价值当然就是造房子、制家具啦，皇帝的龙椅、龙床也都是选用优质楠木制作的。它们还被制作成屏风、佛龛、书格、香几、供案

金丝楠木

金丝楠是中国特有的珍贵木材，生长极为缓慢，资源稀少，是国家二级保护植物，被誉为"国木"。主要分布于中国四川、贵州等海拔1000—1500米的亚热带地区。自古为皇家专用，被广泛用于宫殿苑囿、坛庙陵墓的建造。

等，摆放在房间里。

慈禧太后50岁生日时搬到了储秀宫，为庆祝这次生日，皇室可没少花银子，他们将储秀宫重新装修了一番，在储秀宫豪华气派的后殿明间里就设了一对金丝楠木格。清代皇宫中皇子接受启蒙教育的学堂里，也配有金丝楠木书橱，许多重要的典籍图册、文玩雅器，都被存放在这里。

金丝楠木不仅在前朝后宫大放光彩，还进了皇宫的佛堂，被制作成佛堂里不可缺少的家具。小读者们在游览故宫时，如果细心观察的话，还能在很多地方发现金丝楠木的身影呢。

清代紫禁城里的主要建筑，前朝的太和殿、中和殿、保和殿以及内廷的乾清宫、坤宁宫里，都陈设有金丝楠木案、金丝楠木香几等家具，其中最著名就是金丝楠木金漆龙纹宝座，也就是皇帝的龙椅！

倦勤斋

倦勤斋是位于故宫宁寿宫花园最北端的一座建筑,卷棚硬山顶,覆绿琉璃瓦,东五间,西四间,构成一个封闭的院落。

倦勤斋西四间为"密室",内建方亭式戏台,亭的周围是夹层竹篱笆,对面为阁楼,亭、篱、阁楼均由金丝楠木制成,并以木仿竹的竹纹装饰,即在楠木上彩绘竹子的颜色和斑纹,再雕刻出竹节,效果几可乱真,与室内通景画相映成趣,是故宫建筑中内檐装修的精品。

一块"瞒天过海"的小木头

1771年，乾隆皇帝打算"装饰"一下自己的家，他要在皇极门前建一座飞舞着九条龙的九龙壁。而建造九龙壁的工作，落到了出身于建筑世家的马德春的头上。

但是建造过程并不是那么顺利。一天，马德春正带领着工匠们埋头工作，一阵清脆的声响打破了宁静，马德春赶忙过去查看。只见一片漂亮的琉璃瓦竟然被工匠一不小心摔在了地上。看着四分五裂的琉璃瓦，马德春瞬间被吓得呆住了，心想：耽误工期是要杀头的，重新烧制已经来不及……

马德春将破碎的琉璃瓦重新拼好，小声对工匠们说，这件事情一定要保密，谁要是透露一个字，可是有杀身之祸。工匠们倒是嘱咐好了，他自己却急得像热锅上的蚂蚁，晚上连觉都没睡好。有一天他看到一块楠木，忽然心生一计：他通过雕刻、上色，终于用这块楠木仿造出了一块琉璃瓦，将它补在了九龙壁上。

左数第三条龙身上有玄机。

到了检查验收的这一天,乾隆皇帝带着几位大臣来到九龙壁前。九龙壁上的九条龙栩栩如生,金碧辉煌。乾隆皇帝仔仔细细地看了每条龙,来来回回整整看了三遍。而跟在乾隆身后的马德春此时可是紧张得满头大汗,担心自己仿造的琉璃瓦会被发现。最后,乾隆皇帝对马德春夸奖了一番,马德春一颗悬着的心才终于放下来。

那么,让马德春如此紧张的琉璃瓦,到底是什么样的宝贝呢?原来,在明代和清代,琉璃瓦是只有皇家才能使用的建筑材料。一般的官员和百姓严禁使用琉璃瓦。官员们如果有谁用了琉璃瓦,不但要受杖刑,还会丢掉官位。

好看的琉璃瓦制作工艺非常复杂,要选料、设计、烧制,还要施釉、釉烧,光工序加起来就有20多道。所以为了不耽误工期,马德春只好用一块木头瞒天过海了,不过幸好他手艺高超,竟然连"鉴宝达人"乾隆的眼睛都蒙骗过去了。直到今天,这块用木头仿造的琉璃瓦还隐藏在九龙壁的琉璃墙面之中呢,你能找到它吗?

屋檐飞翘的神奇作用

如果你仔细观察故宫的建筑，就会发现很多屋顶四角的檐部都是向上翘起的，看上去就像飞鸟展翅，极有动感。

工匠为什么要费工夫做这么复杂的屋顶呢？只是为了漂亮吗？当然不是，除了美观，故宫的屋檐还有更重要的作用呢。

我们知道，北京地区太阳高度角随季节而变化，气温也随之变化，冬至日时太阳高度角最小，夏至日时太阳高度角最大。聪明的工匠根据太阳高度角的变化，巧妙地设计出了这种挑檐的屋顶结构，为的是让屋顶具有遮阳和纳光的功能。

夏天时，正午的阳光会被屋檐挡住，热量无法进入屋子，从而达到了遮阳降温的目的；冬天时，阳光又恰好能照进宫殿，使皇帝和家人能安心在屋内工作喝茶晒太阳。

不过，冬暖夏凉的屋顶，除了结构上的精妙设计，建筑材料也有很大功劳。

比如，在故宫古建筑屋顶的木板基层上，通常会铺设一层30厘米厚的泥背。这层泥背主要是由护板灰、青灰、麻刀泥等材料组成，可以吸收大量来自屋外的热量，避免过多热量直接传入室内，起到了隔热、保温的作用。

此外，故宫建筑坡屋顶的形式，使屋顶与天花板之间形成了一个架空层。这个架空层也是个神器，夏天，可以拦截屋顶的太阳辐射，使屋顶变成两次传热，避免热量直接进入建筑内部。冬天，因为有架空层，室外的寒气也无法直接传入建筑内部，从而保证了古建筑的冬暖夏凉。

除了能隔热、防寒，为了便于排水，智慧的古人还特意将坡屋面设计成由陡峭变缓和的曲面，而非平面。这是因为曲面上部坡度大，有助于雨水由屋顶迅速往下排，下面坡度缓，又能使雨水从屋檐向外排得很远。

坡屋顶瓦件的设计和安装也有利于排水。为了使雨水有序往下排，屋顶瓦面由凸起的筒瓦与凹下去的板瓦组合做出一道道瓦垄，筒瓦扣在相邻的两块板瓦之上，从屋顶到屋檐，筒瓦一节连着一节，板瓦一块压着一块，瓦与瓦之间均用灰泥涂抹严实，这样有利于排水，也能有效防止雨水渗透。

因为屋顶的巧妙设计，故宫的房子不仅冬暖夏凉，而且在多雨的季节也不会有大量积水。

故宫的门窗造型多样,每一扇看起来都像是件精美的艺术品。而且这些门窗都不是随意设计的,隔扇上不同的图案代表不同的等级。

三交六椀样式

指的是一根直棂与两根斜棂相交后,组成无数的等边三角形,在三角形的交叉处形成一朵六瓣菱花,并在交叉点上钉上一颗金属钉。这种图案寓意天地之交而生万物,常被用在帝王宫殿或寺庙的门窗上。比如故宫中轴线上太和殿、保和殿的隔扇上用的就是这种图案。

双交四椀样式

由两根棂条相交,并在相交处钉菱花帽钉而成为放射状的菱花图案。这种图案的等级比三交六椀菱花低一等,故宫里景仁宫的隔扇就用了这种图案。

斜方格样式

由两根斜棂相交后组成的菱格形图案,也叫斜方格纹、网纹。故宫里后妃游园休憩、赏花观鱼的临溪亭,采用的是这种图案的隔扇,寓意财源滚滚来。

正方格样式

这种网格纹的图案,看起来像一块块豆腐,所以民间又叫豆腐格,是由许多正方形的孔洞组成的,寓意着处处正直。故宫里乾清门的隔扇上用的就是这种图案。

轱辘钱样式

说到轱辘,你一定会想到圆圆的车轱辘吧?这种图案还真是这样的,只不过它叫轱辘钱,圆圈中有内向弧形方格,有点儿像古代的圆形方孔铜钱,所以有招财进宝的寓意。养心殿的隔扇上就是这种样式。

万字纹样式

看"卍"字,像不像流水中的漩涡?古人认为螺旋运动是生命的动力,象征无限循环的宇宙。这种窗纹就有万事吉祥、万寿无疆的美好寓意。有的窗户还会在其中点缀"寿"或"福"字。御花园中绛雪轩的隔扇上采用的就是这种图案。

步步锦样式

步步锦是一种很有规律的几何图案,用直棂和横棂拼成一个个长方形,上下左右对称排列,形成丁字形状,寓意着事事成功、步步高升。宁寿宫花园倦勤斋的隔扇采用的就是这种图案。

贰

石头大变身

古人开采的石材大小不同,运输方法也不同。一般,他们用轮车运输普通的石材,用旱船运输特大的石材,而那些产地很远的石材,就需要借助运河运到北京。

运输普通中型石材的四轮车辆

石头大变身

小小石头会变身

小朋友们,你们也许会问,石头怎么变身呢?你们一定看过《西游记》吧,那个神通广大的齐天大圣孙悟空是从哪里来的呢?对了,孙悟空就是从一块石头里变出来的石猴子。

花果山上的这块石头可是非常神奇的"仙石",它有三丈六尺五寸高、二丈四尺围圆,象征着一年三百六十五天和二十四节气,上面还有九窍八孔,象征着九宫八卦。这块仙石受着天真地秀,吸取日精月华,内育一胞,一日迸裂,产了一个石卵,见风化作一只石猴,孙悟空就这样出世啦。

除了孙悟空,还有一个大英雄也和石头有很大的关系,就是那位治水的大禹。传说,大禹的母亲女狄有一天在水边玩耍,看到水里有一个清澈透明的小石头,十分喜欢,就含在嘴里,一不小心吞进肚子里了,结果女狄就生下了大禹。关于石头的神话故事,在中国有很多。传说古代天空裂开了个大口子,女娲娘娘就采集石头补天。你看,小小的石头可是有大用途!

从远古时代开始,从事渔猎农耕的先民们,就开始利用石头制造劳动工具,包括石斧、石铲等,后来还学会了用石头建造房屋、城墙和桥梁。小小的石头是不是能变身呢?

故宫的石材

建造紫禁城所用的石材主要包括汉白玉、花岗石、青砂石、花斑石等。其中,汉白玉用于建造基座、石阶和栏杆等,花岗石用于建造基础、桥墩、路面等,青砂石用作宫殿的基础和房身材料,花斑石用作宫殿和苑囿的铺地材料。

古代人们的房屋虽然主要以木材为主，但是在木制梁柱下，一般都垫着石头，称为"础石""柱脚石"。古人认为石头厚重，于是让它们成为支承柱子的基石。础石的样子各式各样，漂亮极了。

在故宫里，很多宫殿下面都有台基。所谓台基就是用泥土和砖石砌成的平台，作为建筑的底座。等级越高的建筑，台基也越高大，故宫前朝的三大殿就是直接用装饰精美的汉白玉须弥座作为台基。

下次小读者们游览故宫的时候，可以好好观察观察这些在精美的宫殿之下默默奉献的石头们，它们可是撑起故宫宫殿的"大功臣"呢。

故宫里哪些部分是石头做的？

宫殿须弥座、石栏板、石道、石阶、华表、石狮、日晷、螭首、石刻雕像，以及石碑……

各种各样的石材

汉白玉　青砂石　花岗石　花斑石

石头变成了这些

石屏风　　石基座　　须弥座　　石阶

华表的故事

天安门城楼前有两根白色的"柱子",它们就像站岗的卫士一样,一动不动地守护着天安门。

"白柱子"的底部,是雕刻云龙的八角须弥座,柱子上"飘着"一朵朵祥云,一条巨龙盘绕着柱子蜿蜒向上,柱子上部横插着一块浮雕祥云的石片,叫云翅。而在柱子的顶端,蹲着一头怪兽,似乎在朝着天空吼叫。

这两根柱子名叫华表,又称擎天柱。天安门的门前有一对,门后也有一对。华表在中国历史悠久,有人认为华表的原型是原始部落的图腾柱,人们把某些动物、植物或者虚构出的事物作为部落图腾,立柱加以崇拜;也有人认为华表始于尧舜时代的"谤木"。

"谤木"是什么呢?就是古时统治者让人们写谏言的木牌子。尧和舜是古代优秀的部落首领,他们在交通要道上树立木牌,鼓励百姓建言献策。

到了汉代,人们在官署驿站和路口、桥头的两边竖起的华表就不再是写谏言的木牌了,而是作为交通路标给人们指路的。

后来,华表渐渐成为建筑物的装饰物,样子也变得越来越漂亮。人们在华表的顶端雕饰凤凰、仙鹤和各种威武的怪兽，柱子上也多了许多图案。大约从东汉开始，华表的"身体"从木头变成了石头。石制的华表作为纪念物和装饰物出现在官署、桥头和陵墓前。天安门前后的华表就是华表中的精品。

那么蹲坐在华表顶端的小怪兽又是谁呢？它的名字叫犼，是传说中龙王的一个儿子，它还是《西游记》中观音菩萨的坐骑呢。它有一个秘密任务，那就是监督高高在上的皇帝。如果皇帝一直待在皇宫里享乐，天安门后面的犼便会"提醒"皇帝，要出去巡视民间疾苦啦。如果皇帝在宫外游玩太久，天安门前的犼便会告诫皇帝，应该早日回宫，专心治理国家。所以，天安门后面的犼叫"望君出"，而天安门前面的犼叫"望君归"。

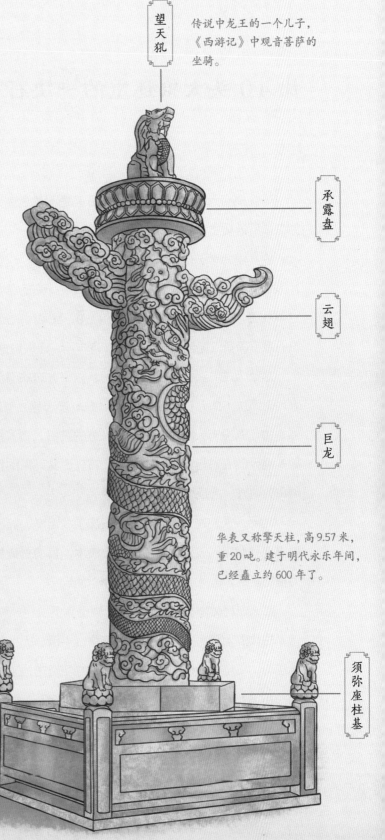

望天犼：传说中龙王的一个儿子，《西游记》中观音菩萨的坐骑。

承露盘

云翅

巨龙

华表又称擎天柱，高9.57米，重20吨。建于明代永乐年间，已经矗立约600年了。

须弥座柱基

比 40 头大象还重的一块石头

一头成年大象的体重在 5 吨左右,是不是很庞大?但是你见过重量超过 40 头成年大象体重的石头吗?

故宫里就有这样一块大石头!

它位于保和殿后面,叫"云龙阶石"。它的重量足足超过 200 吨,上面雕刻着九条飞舞的巨龙,巨龙周围云霞万朵,阶石最下面有五座宝山,看起来气势非凡,让人震撼。

这么大的石头是从哪里来的呢?原来,这块石头来自北京西南郊房山的大石窝,距离紫禁城 90 多公里。

古代既没有大卡车,也没有先进的机器,古人是怎么把如此庞大的石料运到皇宫里的呢?首先,从开采的地方运到装车的地方,就是个困难的事情。

为此,人们在开采地就将巨石加工成粗料,同时在两个地点之间凿出斜坡,在斜坡下垫上滚木,再通过撬杠撬、人力拽的方式,一寸一寸地移动到运输地点。

那么怎样才能把石材顺利地运到皇宫里去呢?

古代的道路可不像现在的公路这么平滑,大多都是坑坑洼洼的,马走在上面也很不舒服。为方便运送,工匠们专门选择在冬天开采石材。然后在通往北京的路上,每隔 500 米左右挖一口井,等到天气寒冷时,从井里打水泼在路面上,

云龙阶石

保和殿后面三层须弥座高台正中的御路,是由一块巨大的汉白玉雕成的,被称为"云龙阶石",长16.57米,宽3.07米,厚1.70米,重量超过200吨。

水结冰后，路就成了"冰道"。北方的冬天冷得叫人瑟瑟发抖，被冰封的道路变得十分光滑。

这时，人们便把石材装在旱船上，用一匹匹骡子和马拉着旱船前行。骡子和马组成的"陆上船队"，便能将石材一路运往北京了。旱船上的石材十分沉重，有些巨大的石材，需要上千匹马同时拉才能拉得动呢。

除了用旱船拉巨大的石材前行，人们还发明了一种有趣的石材搬运方法，俗称"滚地雷"。这种方法就是先把一块块小石头凿成圆鼓鼓的小球，再把石材放在小球上，让骡子和马拉着石材往前走，这样，一个个小石球就像车轮一样，缓慢滚动着同骡马一起将石材运往皇宫。

云龙阶石的原石运到皇宫，动用了20000多民工，2000多头骡马，每天缓慢移动3公里，走了整整28天。之后，这块石头经过能工巧匠的精心雕琢，成为故宫里最大的一块御路石。

这块超级大的阶石是汉白玉材质的，像这种材质的石阶、护栏、宫殿基座以及石碑，在故宫里比比皆是。

采办这些石材同样是非常艰苦又复杂的工作，一般要经过勘验、开采、装车、运输和验收交卸等几个程序。开采石材前，先要选派官员带领石匠去山中勘察，寻找开采地点，查看石材材质，预估用在建筑的哪个部分合适。

石材的开采地点一般被称为塘坑，选好塘坑以后，就召集工匠进行开采。选塘坑可不简单。因为好石材就像宝藏一

汉白玉

汉白玉是一种名贵的建筑材料，洁白无瑕，质地坚实而又细腻，容易雕刻，许多重要建筑都采用它做原料。汉白玉的主要成分是碳酸钙。故宫中轴线上的御道，几乎都是用大块汉白玉铺成的。

样，在地下藏得很深，要清除几层甚至十几层的泥土砂石，才能把它们找出来。

开采石材需要很多工人齐心协力，如果石材特别大的话，甚至要动用上万名工人，才能把石材拉出地面。对它们进行粗糙加工后，采用撬杠撬和人力拽的方式，将其放置在运输工具上运往北京的工地。

这些石材实在是太重了，为了方便运输，工匠们大多会在北京附近开采，也有一些石材来自江苏、安徽和河南等地。

那些产地较远的石材，大多是通过大运河运到北京的。明朝永乐年间冬季的北京城，常常可以看到一支庞大的队伍缓慢前行，这就是运送石材的队伍。石材运到工地之前，会有官员专门负责验收工作。验收合格后再运进工地雕刻使用。

故宫里的这些雕琢精美的石材背后，凝聚了劳动人民多少的汗水和心血啊！

走错了台阶会怎样

说到台阶，大家都不陌生，几乎每天都要踩上几级。如果要去一个很高的地方，没有电梯，又不能像小鸟那样飞翔，怎么办呢？那当然要借助台阶了！

其实，早在远古时期，人类就开始使用台阶了。那时候原始人生活在树上，树干就是他们最初的台阶，树枝则起到踏板的作用。随着生活经验的积累，人们才慢慢学会凿木为阶，制作专门的攀爬工具，这就是最初的台阶。

台阶是构成古建筑的重要元素，故宫里当然也少不了，那么故宫里的台阶有什么特别之处呢？

由于故宫的很多宫殿都建在高高的台基上，为了让人顺利从地面抵达台基，聪明的建筑师在宫殿前设计了台阶，台阶就是从地面到台基的梯子。

帝王宫殿的台阶叫"陛"，也就是"陛下"的"陛"，那么为何称皇帝为"陛下"呢？原来在古代，皇帝至高无上，臣子不能直接和皇帝说话，需要通过台阶下的侍卫代为传达，"陛下"是对侍卫的称呼，后来规矩慢慢变了，但礼节不能省，大臣面见皇帝时依然叫一声"陛下"，以示对皇帝的尊敬。

宫殿的这些台阶可不能乱走，尤其是两侧台阶中间镶嵌的那块长方形御路石，上面雕刻着龙凤云纹等图案，那是只有皇帝能走的御道，故宫最大的御路石就是前面我们讲到的云龙阶石了。

台阶的阶数设计也是有讲究的，我国室外台阶的阶数一般为三到十九级。这样设计主要有两个原因，一方面，人们走路时习惯"左右左"，所以台阶阶数为奇数，至少为三级；另一方面，如果一口气走到顶会感到疲惫，需要在平台上休息，故最多为十九级。

三大殿中层和上层的台阶数都是九级，这也是有讲究的。"九"在古代被人们看作天数，拥有神秘的色彩，同时也是最大的阳数，象征着皇帝的权威。

所以除了考虑到人们走路的习惯和体能，故宫宫殿台阶阶数的设计与主人身份的尊卑也有很大关系。

此外，故宫台阶上的花纹也是有讲究的。因为皇帝是龙的化身，所以故宫就是一个龙的世界，到处都是造型各异的龙，台阶也不例外。

工匠们在台阶上雕刻了大量云龙纹图案，看起来就像是一幅精美的图画，阶石也变成一件件艺术品啦！

清《万国来朝图》局部

太和殿门前的御路石

聪明的古人用什么计时

故宫之大，无奇不有，就在太和殿前东侧的丹墀上，竟然有一块厚厚圆圆的"大面饼"，"大面饼"的中间还插了一根针，难道是有谁顽皮地把"面饼"当成靶子了吗？

仔细一看，圆圆的"大面饼"被斜放在石座上，石座之下是四根方形的柱子，柱子把"大面饼"高高举起，让人一眼就能看到它。

其实，"大面饼"是石头做的，而且它竟然是用来计时的！人们把它称为日晷（guǐ）。

聪明的中国古人很早之前就已经懂得利用太阳的变化来推测时间了。古人看到太阳从东边缓缓升起，便知道该起床了，当太阳往西面慢慢落下，他们便会明白要回家休息了。有了太阳这个大时钟，古人便过上了日出而作、日落而息的生活。

但渐渐地人们觉得，单单依靠太阳无法得知准确的时间，这该怎么办呢？

这时候，人们又有了一个新发现：随着太阳的运行，人的影子也会出现在不同的方位，如果一个人面朝北方站立，那么在早晨，他的影子便会在左边，而到了下午，影子又会出现在他的右边。

古人认真研究了这一现象，终于发明了利用日影测量时间的日晷，这种计时方法一直沿用到明清时期。后来乾隆在太和殿、

日晷

日晷的"晷"字，在古时候的意思便是太阳的影子。日晷是古代的计时器和天文仪器，借着太阳的光芒，人们只需要在圆圆的石盘上看看太阳的影子，就能知道时间。它不但是时钟，还是皇帝统一天下的象征。

乾清宫、坤宁宫等宫殿前面也都放置了日晷，但此时它的计时功能已经不那么重要了，而更多成为一种象征皇权的礼器。

日晷由晷盘和石台组成，晷盘中间还有一个铜制的晷针。晷盘被斜放在石台上，晷盘的上下两面均有刻度，它们将一天分为十二个时辰。也就是说，古代的一个时辰正好等于现在的两小时。

那么日晷究竟怎么看时间呢？这个容易，只要有太阳，看晷针在晷盘上的投影所指的刻度，就可以了。但有个小细节，每年春分之后，要从上表盘（盘的正面）看日影，秋分之后，则要看下表盘（盘的背面）。

这又是为什么呢？原来太和殿门前的日晷是一种"赤道式日晷"，所谓"赤道式"就是晷盘与赤道面平行，晷盘的晷针又垂直于晷盘，上指北极星，下指南极星，与地球自转的方向一致，春分之后太阳直射北半球，影子投在上表盘，秋分之后太阳直射南半球，影子投在下表盘。

在故宫里，还有一件不一样的日晷——新法地平日晷。这种日晷和赤道式日晷长得不一样，它并不是圆圆的，它的身体是一个长方形的小桌子，银镀金的桌面是它的晷面，上面浅刻时刻线和节气线；晷面上有个三角表，即晷针，可以根据需要收放，表的下面还有个指南针，用来确定方向。

新法地平日晷

这种日晷要求晷面与晷针的夹角等于当地的纬度，即晷面要与地面平行。测量时，先用指南针确定南北方向，再竖起三角表，光线通过三角表缺口处时被遮住，便在晷面上投下影子，即可确定当天的节气和时间。

嘉量为什么住在亭子里

据说乾隆初年，在宫廷内府中发现了一件新莽时期的青铜器，叫"新莽嘉量"，乾隆皇帝对它给予了极大的关注。这件器物长得就像一个圆桶，圆桶的两边还有两个"小耳朵"，而"小耳朵"也是两个小圆桶。它就是王莽篡权后用来统一度量衡的量器。这让乾隆喜出望外，他认为这简直就是天意，应当在宫中安设。

新莽嘉量里有隔层，隔层和两个小圆桶一共把新莽嘉量分成了五个量器，隔层上为斛，下为斗，左耳为升，右耳上为合，下为龠，因五量具备，故称其为嘉量。有了它人们就能知道究竟一升米有多少。

乾隆从这件新莽嘉量中得到启发，也想仿造同样的陈设在皇宫里。他还参考了唐太宗时期张文收所造方形嘉量的图式，终于，在乾隆九年，宫里的匠人们制造出了一个圆形和一个方形的嘉量。这两件铜制的嘉量分别被放在乾清宫和太和殿前。为了好好保护它们，人们还为两件嘉量各自建造了一个小亭子，嘉量就放在小亭子里。

但是，奇怪的事情发生了，这两件嘉量的单位容积既不合清律尺，也不合新莽尺，难道当时制作嘉量的工匠们把嘉量的尺寸弄错了吗？

原来在嘉量的身上，还专门刻有铭文，上面记载着设计嘉量时要求的尺寸，人们实际测量了嘉量的尺寸，再对比铭文上的资料发现，嘉量的尺寸并没有差错，也就是说，制作嘉量的工匠们并没有把尺寸弄错。那究竟为什么会这样呢？

原来，从西汉末年到清朝，因为时代的转变，尺度、容积也有了变化，人们在制造乾隆嘉量时，采用的是当时应用的营造尺来记录物品的尺寸，并计算各量的容积的，这样人们只要测量乾隆嘉量，就可以知道营造尺的长度。

而乾隆嘉量中的营造尺，又和清律尺及新莽尺成一定的比例，所以，后代的人们不但能从乾隆嘉量中得知营造尺的尺寸，还能知道清律尺和新莽尺的尺寸。

那么，乾隆嘉量作为统一度量衡的工具，为何会被放在故宫宫殿前的小亭子里呢？

乾隆嘉量和新莽嘉量的外形差不多，同样有一个胖胖的"身体"和两个"耳朵"。嘉量圆形或方形的身体，被分成了上下两部分，上面的部分被称为斛，下面的部分被称为斗；左边的"耳朵"被称为升；右边的耳朵也被分成了上下两部分，上面的部位被称为合，下面的部分被称为龠。

其实，乾隆仿造这两件嘉量，既不完全为了实用，也不纯粹为了复古。而是通过将古今度量衡置于同一件器物上，来说明古往今来度量衡的演变以及相互之间的关系，一方面是为了承继先人的法度，安抚天下百姓；另一方面也是为了维护当朝的度量衡制度。

乾隆嘉量以当时的营造尺作为嘉量的标准，那么在王莽当皇帝的时期，又是用什么来作为嘉量的标准呢？或许你不会猜到，王莽时期的嘉量标准竟然是一件乐器。

这件乐器叫黄钟律管。黄钟律是古代十二音律之一，也是历代的标准音高。能发出黄钟音调的律管，恰好能容纳1200粒黍，新莽嘉量的龠也恰好能容纳1200粒黍，所以黄钟律管的容积就是龠的标准。知道了龠的容积，其他4个量器（1合等于2龠、1升等于10合、1斗等于10升、1斛等于10斗）的容积也就能计算出来了。

日晷和嘉量就像一对兄弟，长长久久地伫立在太和殿前，它们象征着皇帝拥有至高无上的能力。这其实和一个传说有关。传说伏羲和女娲都是人类的始祖，在古老的图画中，他们有着人类的脑袋和蛇的尾巴，伏羲和女娲都是人首蛇身，伏羲左手执矩（曲尺），女娲右手执圆规，他们头顶中间有太阳，尾巴中间有月亮。太阳和月亮象征时间，圆规和矩象征空间。图画象征着伏羲、女娲掌管了宇宙和时空。而皇帝作为一国之君，当然也希望能够统领天下，于是便在太和殿前摆放着象征权力的日晷和嘉量。

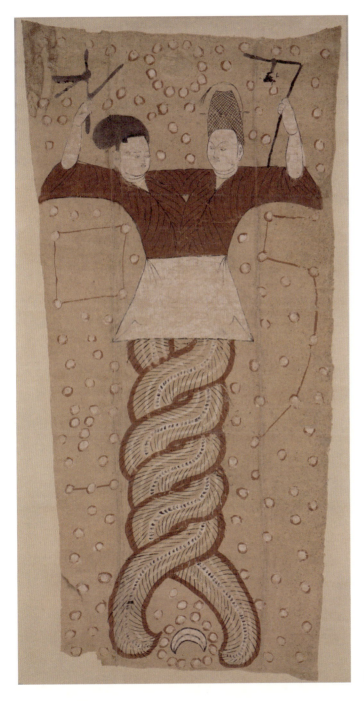

唐 伏羲女娲图

石头大变身 | 45

院子里的报警器

嘉庆十八年（1813）九月十五，在一阵呐喊厮杀声中，大批头裹白巾的人翻过宫墙，准备刺杀当时的嘉庆皇帝。

这时，守卫在协和门区域的士兵立刻启动了一个特殊的报警系统。警报一响，很快，留京王公大臣带人与驻京火器营的官兵纷纷赶来，与闯入者展开了激战，直至将他们全部镇压。这就是清朝的"禁门之变"。

皇宫是皇帝居住的地方，安全级别非常高，进入皇宫必须接受严格的检查。但是，如果发生意外，有人侵入皇宫内部，怎样才能快速把紧急消息传递给皇宫内外的警卫人员呢？

其实不难，只要吹响一个特殊的石头就行了。故宫各大门的台阶上都有栏板，栏板的望柱上顶着一个个莲瓣状的望柱头，如果你发现有的望柱头顶端有个打穿的小孔，那么这就是故宫里的报警器了，叫"石别拉"或"石海哨"。

这些望柱头看起来就像是栏杆上的装饰，它是怎么帮助人们报警的呢？

石别拉

石别拉是利用故宫常见的栏板间的望柱头改造而成的。望柱也称栏杆柱，是栏板与栏板之间的立柱。望柱分柱身和柱头两部分，有的望柱头是莲花瓣形状，上面有二十四道纹路，象征二十四节气，因此又被称为"二十四节气望柱头"。

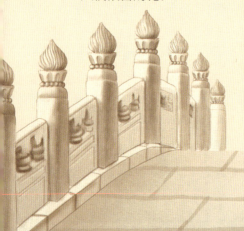

原来，起作用的就是望柱头上的那个小孔，小孔里面被掏空了，像个空心葫芦。一旦发生火灾或是发现敌情，宫里的侍卫就会将一个10厘米长的牛角状铜喇叭，插进石别拉的小孔，使劲地吹，此时石别拉就像个扩音器，将喇叭声放大，发出的警报声类似海螺号吹响时的声音。皇宫别处的侍卫听到后，也会迅速响应，就这样警报声从一处传到另一处，很快就会传遍整个紫禁城。据说，假如警报从午门开始传出，到传遍整个宫廷，所需时间不会超过一分钟。

据史料记载，顺治皇帝就曾命人在侍卫府安放石别拉，分内、外、前三围，需要报警时，三围的石别拉会同时被吹响。在故宫的太和门广场、乾清门、坤宁门、东华门和西华门的望柱上也都有石别拉。

当你去故宫参观的时候，如果见到莲瓣状的望柱头，一定要认真观察一下，里面若是空心的，那就是报警器石别拉了，它们可是守护皇宫的大功臣呢。

信炮

除了石别拉，在故宫内外，还有其他传递警报的信号，比如白塔信炮。信炮修建在故宫西北侧的白塔山上，只要接到紫禁城内出现危险的放炮令牌，炮手便会立即冲着天空开炮。驻扎在京城的士兵们听到炮声后，就会迅速集合，赶往皇宫。

墙

城墙

故宫的城墙南北长约960米,东西宽约760米,高约有10米。古代匠人用了1200多万块面砖,采用"干摆灌浆""磨砖对缝"的方法,将整个城墙包裹得严严实实,连根针都插不进去。据说,如果将这些城砖连在一起,能有4400多公里,约相当于赤道长度的1/10。

宫墙

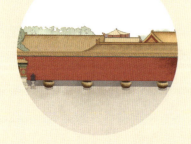

故宫红色的宫墙不仅有护卫功能,还起着分割区域、隔离宫殿、防火的作用。宫墙建造得十分坚固,仅是地下的基础就有2米多深。高的宫墙有8米,矮的也有6米。宫墙用石、砖、瓦砌成,墙顶铺黄色琉璃瓦,墙脊脊端安放吻兽,非常漂亮。

院墙

院墙就是矮小版的宫墙,故宫有很多庭院,院墙的主要作用就是将各个院子分隔开来。院墙不像宫墙那样庄重,所以颜色运用比较自由灵活。比如清代皇子居住的南三所,院墙上用的就是绿色琉璃瓦墙帽。

萧墙

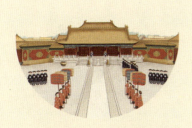

萧墙也叫影壁、照壁、照墙。常见的有一字影壁、八字影壁等。最著名的一字影壁就是九龙壁。在 70 多平方米的墙面上,用 270 块各种颜色的琉璃砖,塑造了九条姿态各异的蟠龙。八字影壁一般位于门的两侧,彼此相对呈八字形,如乾清门两侧就有这样的影壁,每个高 8 米,长 9.7 米,壁心及岔角用琉璃花装饰,在阳光的照射下流光溢彩。

檐墙

檐柱与檐柱之间的墙叫檐墙,前檐的叫前檐墙,后檐的叫后檐墙,古建筑多以门窗装修前檐墙。墙的下段比上段厚出来的部分叫裙肩。

槛墙

槛墙是由地面到窗槛下的矮墙,一般高度在一米左右。槛墙虽然构造简单,但它也依房屋的等级分为多个档次,讲究一些的槛墙使用琉璃花砖贴面,比如太和殿、御花园内的千秋亭和万春亭。

山墙

指建筑两端的立墙。因我国传统古建筑多为两面坡屋顶,前后屋顶的斜坡与左右山墙的上端形成一个三角形,呈山尖状,所以叫"山墙"。屋顶形式不同,山墙上端的形状也不一样,比如歇山顶建筑的山墙上端多是山花。

叁

泥土有魔法

原来泥土真的会魔法

至今在湖北荆州地区还流传着大禹用息壤治水的传说。据说大禹治水到了荆州地区，将息壤投到沙市的龙门河口与荆山之侧，这里就逐渐形成了陆地，于是人们开始在这里繁衍生息。

那么息壤究竟是什么东西呢？《山海经》中说息壤是一种能自己无限生长的土，可以堵塞洪水。息就是生长的意思，壤是土壤的意思。

大禹治水的故事还要从他的父亲鲧说起。据说上古时期，洪水滔天，尧帝派鲧去治水，鲧未经尧帝同意，私自盗取了尧帝的息壤来治水，尧帝一怒之下，派火神祝融杀死了鲧。鲧死后，尧又派鲧的儿子禹去治水，禹在荆州地区治水时也用到了息壤，还为荆州留下了一处"息壤"古迹。

那么，神话传说之外，息壤又代表了什么呢？有学者认为，它代表休耕土地上播种以前翻松好的土。因为在尧舜时代，人们还不懂得施肥，主要靠休耕保持土壤的肥沃，那时候也还没有出现牛耕，没有锄头等翻土工具，松土对当时的人们来说是非常困难的事情，需要耗费大量的人力、物力和时间，而鲧治水取走的息壤应该是休耕土地上翻松好了的土。在当时洪水泛滥的情况下，很多耕地被淹没，全国可用耕地本来就很少，鲧又未经尧帝同意取走休耕土地上的松土，严重影响到农业生产，这才触怒了尧帝,以至于被杀。

　　泥土除了用来耕作,满足人们对食物的需求之外,还被用来建造房屋。原始人最早居住在天然山洞里,随着生产力的发展,为了改善生活条件,他们慢慢学会了利用土的特点挖掘人工洞穴,比如在黄河流域分布着丰厚的黄土层,黄土土质均匀,含有石灰质,具有直立不塌的特点,便于挖洞穴。

　　在陕西的半坡遗址,已经发现各种形状的半穴式房屋,有人认为,这是先民从穴居到居住地上房屋的过渡。

　　从地下到地上,在人类居所的进化过程中,人们慢慢掌握了夯打技术,学会了制作土泥、三合土和土坯,后来又利用烧制的办法,将泥土制成了瓦,使屋顶变得更加实用和美观。继瓦的发明之后,人们又发明了一种烧土材料——砖,这些方块"泥土"被用来铺地、砌墙、建造高高的建筑,房屋变得越来越坚固。再发展,古人以长石、英砂、高岭土等为主要原料,成功烧制了琉璃瓦件,这些琉璃光亮透明、艳丽多彩,用它们装饰的建筑变得越来越漂亮啦。

　　从远古的土到泥坯、土坯,再到砖、瓦、琉璃饰件等,泥土在古人手里演绎出了广厦万间,也变幻出了金碧辉煌,你们说,泥土是不是有魔法呢?

故宫地基的土里加了什么?

故宫地基的土为"满堂红"基础,建造时原有地基被全部挖去,然后重新由人工回填。据专家考证,古人可能将煮好的糯米汁掺上水和白矾以后,泼洒在打好的灰土上,以使基础具有很好的整体性和柔韧性。

故宫里有哪些中国色

故宫的宫殿大多是红墙、黄瓦，也有使用黑瓦和绿瓦的，色彩作为古建筑的重要元素，在使用上有什么讲究呢？

故宫作为一个王朝的权力中心，不同的宫殿会使用不同的颜色，这也是封建社会等级制度的体现，折射着统治者的心思。

紫禁城的主人是皇帝，那么皇帝住的宫殿屋顶肯定是最尊贵的黄色。为什么说黄色是最尊贵的颜色呢？

原来，在中国传统文化中，黄色代表土，土在阴阳五行里居中，是宇宙万物生长的根本，又因为土地是国家的象征，所以黄色代表着至高无上的皇权。

故宫中重要建筑的屋顶用的都是金黄色的琉璃瓦，站在高处远远望去，阳光下的屋顶金光闪闪，灿烂极了。故宫的建造者是在用金黄色的屋顶告诉大家，这里是皇帝的家，代表着皇权的荣耀，只有皇帝才能使用这种颜色的屋顶。

故宫里与黄色搭配的是红色。在中国传统文化中，红色是最喜庆的颜色，每当有喜庆的活动，人们都会穿上鲜艳的红衣服。过年的时候，家里还会贴上红春联，挂上红灯笼，最开心的是，还能收到长辈送的红包。

朱红色也是火的颜色，象征着红红火火、兴旺发达。故

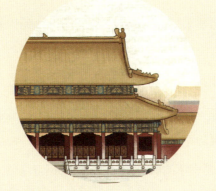

如果你仔细数的话,故宫里面藏着黄色、绿色、金黄色、红色、黑色五种颜色,每种颜色对应着不同的宫殿,每个宫殿都有不同的功能。

宫作为皇帝的家，当然希望自己的家族兴旺，所以红色也是故宫的主色——故宫的宫墙是朱红色，大门是朱红色，窗户也都刷上了朱红色的漆，而红色的宫墙又给人以庄严肃穆之感，体现了皇权的威慑力。

其实，故宫的建筑除了使用红、黄这两种颜色外，青绿也用了很多。故宫建筑屋檐下的额枋和斗拱一般都用青绿色，与红墙黄顶交相辉映，看上去充满活力。

此外，故宫有些宫殿的屋顶使用了绿瓦，比如明代早期太子读书的文华殿以及清代皇子们居住的南三所。这是因为它们都位于紫禁城的东部，按照阴阳五行学说，东方属木，主生发，为青色，这与成长中的皇子们恰相对应，希望他们也像春天的草木一样，生机勃勃、茁壮成长。

除了绿色琉璃瓦，故宫的建筑里还难得地出现了黑色琉璃瓦。比如藏书的文渊阁，用的就是黑色琉璃瓦顶。为什么要用冷冷的黑色呢？原来啊，黑色在五行里属水，水能克火。而书最怕火啦，所以古人就选择了黑色与绿色搭配的形式，希望能够保护文渊阁免遭火灾。

金砖是金子做的吗

2012年春天,杭州西泠印社举办了一场有趣的拍卖会,他们要拍卖90多块又旧又破的砖头!

出乎所有人意料的是,这场拍卖会上竟然有人用80多万元人民币买走了其中的一对砖头,要知道这些钱都够买一辆酷酷的跑车啦!

到底是什么砖这么值钱呢?难道是金砖不成?仔细了解了一下,这些砖的名字还真叫"金砖",而被买走的那对价格高昂的砖头是来自明朝永乐年间的老古董!

原来,从紫禁城初建时起,这种金砖就是皇宫的专用品啦。故宫的重要宫殿中都铺设有这样的砖,我们现在看到的太和殿里的金砖是清康熙年间铺设的,到现在它们还光亮如新呢。

这种砖呈青灰色,看上去像墨玉一样光滑细腻,无论大小,都是四四方方的形状。它最特别之处是敲起来声音清脆,断开后砖面没有普通砖的细孔。用它们铺设宫殿,夏天凉爽,冬天保暖。虽然表面像镜子一般光滑明亮,可人走在上面却不会滑倒,反倒会发出"叮叮"的声音,听起来就像金石一样。

那么,这些金砖真的是金子做的吗?

当然不是了,它和其他砖一样也是由泥土烧制而成的,只是烧制它的泥土可不一般,只有苏州陆墓附近的泥土才符合烧制金砖的要求。

除了用作原材料的泥沙好，烧制金砖还要经过选土、练泥、澄浆、制坯、阴干、入窑烧制等多道工序，这也是保证金砖品质的重要因素。在入窑烧制时，要以糠草熏一个月，片柴烧一个月，棵柴烧一个月，松枝柴烧40天才能出窑，出窑的砖还要再进行复杂的砍磨、浸桐油，砍磨有多复杂呢？据说每人一天只能砍磨三块。

金砖从取土到制成成品砖得用近两年时间。明朝时，为建造紫禁城烧制的50000块金砖，足足花了三年时间才完成。

工匠们辛辛苦苦烧制出来的金砖如果抽检时有六块以上达不到要求，整批金砖就要全部报废。而且每用一块砖得准备三块以上备选，没选上的一律销毁。

一块金砖的造价，在清朝相当于一个县令三个月的工资呢，"一两黄金一块砖"真是名副其实呀。

由于制作考究，工艺繁复，造价又相当昂贵，金砖仅供皇家使用，如果民间有人敢私用，那可是要杀头的。不过，这么贵重的金砖，就算是皇宫也不会大肆使用，只有皇帝经常光顾的宫殿才有资格铺设，可见，小小的地砖在等级森严的皇宫中地位有多么高。

为了严格把控金砖的质量，每块砖上都刻着烧造年代、产地、监造者、制作者、规格，这是为了方便查验。如果有一块金砖有质量问题，那么砖上刻着名字的所有人，都会受到处分，严重者还可能被杀头。

撑起皇宫的砖头

在山东临清一带，流传着一首古老的歌谣："临清的砖，北京的城，相隔八百里，漕运六百年，紫禁城上有临清。"它歌唱的是古代临清窑烧制的砖，经大运河运到北京，修建皇宫的历史。

据记载，永乐初年，明成祖朱棣为了迁都北京，用了15年在北京大兴土木，营造皇宫，临清官窑就是在这时候创建的。明朝中期以后，临清砖因为质量好、产量大，被选为御用贡砖。这些砖由大量船只运往北京，用来修建城墙、宫殿、陵墓等大型建筑，它的生产持续了500多年的时间。如今在故宫、天坛、明十三陵以及清东西两陵等地，依然可以看见这些贡砖。

那么皇家用砖为何会选择远离京师的临清窑烧制呢？原来，临清位于黄河冲积平原之上，这里的土壤细腻，富含铁质。古代黄河经常泛滥，每次河水泛滥冲刷之后，都会在表面留下一层细砂土，它们覆盖在当地原来的黏性土壤上，如同盖上了一层"沙布"。经年累月，细砂土和泥土一层一层相互叠加，形成了莲花花瓣一样的土砂结构，一层红、一层白、一层黄，当地人称其为"莲花土"。

同时，流经当地的漳卫河河水清澈，没有杂质，被人们称为"阳水"。人们用"阳水"和"莲花土"和泥制坯烧制而成的砖，质量特别好，比许多石头都坚硬，遂闻名天下。

临清贡砖的烧制有一套严密的流程。在选土、碎土工序完成后，要将用大小筛子筛过的土泡在巨大的水池里沉淀，同时要去除土中的树叶、根茎、碎石等杂质，这叫"澄泥"，是其他手工砖制作很少使用的工艺。因此，临清砖也被称为"澄泥砖"。

澄泥完成后，分层取泥，再让人或牲畜在泥上反复践踏，使泥完全软烂熟化，称为"熟土"。踩好的泥要用草苫盖起来，放置半个月左右，称为"养泥"。养泥结束后，将泥土取出，用木棒反复碾打，使其无气孔，每摔打一遍要焖上二至三个小时，称之为"醒泥"。这时的泥软硬适度就可以做砖坯了。

"制坯"既是力气活，更是技术活。一块泥坯重达七八十斤，扣坯子的时候必须一次成型，四角四棱、填满填实，不能有任何缺陷。制坯完成后，将砖坯整齐码放，在棚下阴干，这道工序称为"晾坯"。晾坯过程中，还有一个小工序，就是盖上戳印。印上通常要标明烧造年代、督造官员、窑户（窑

贡砖的十八道工序

临清贡砖的烧造工艺也十分考究，包括选土、碎土、澄泥、熟土、制坯、晾坯、验坯、装窑、焙烧、洇窑、出窑等十八道工序。临清贡砖烧制技艺已经被列入国家级非物质文化遗产。

选土　　　筛土

澄泥

熟土

制坯

主）姓名、匠作姓名等内容，便于日后的查验追责。

干透的砖坯经过严格的检验（验坯）后，送入窑中，交叉码放，保证每块砖都能均匀受热。装窑完成后在窑顶覆砖、封土，进入焙烧程序。古代烧制临清砖大多用豆秸，偶尔用棉柴秆。豆秸油性大，火力很旺，烧出的砖青黑透绿，成色很好。当年每烧一窑砖需要豆秸八九万斤，几百个窑，一年下来就需要几千万斤。

砖窑焙烧半个多月后，先停窑，隔几天等温度下降到一定程度时，开始洇窑。在窑顶慢慢注入清水，使每块砖均匀地发生反应。洇窑后砖块变成豆青色，温润如玉，被视为青砖之上品。洇窑也是个技术活，只能一点一点地往下浸，不能灌水，灌水会造成窑内气体膨胀，窑就会爆炸。据记载，洇窑就要持续七八天，甚至十来天。

每一批砖从进窑到出窑，猛火足足要烧上一个月，灶里的火 24 小时不停。经过这样一整套繁复的烧造工序，一窑的临清砖就诞生了。

晾坯、验坯

窑烧

出窑

故宫屋顶上的奥秘

700多年前,有一位名叫马可·波罗的意大利人第一次到中国来旅游,当他看到元大都宫殿上金色的琉璃瓦屋顶时,惊叹不已,忍不住赞叹道:"大殿和房间都装饰雕刻着镀金的龙,还有各种鸟兽以及战士的图形和战争的图画。屋顶布置得金碧辉煌,琳琅满目。"

这位外国人实在不敢相信,屋顶怎么可以做得这样漂亮!可惜,他没有机会看到后来建造的紫禁城,这里的屋顶更加美轮美奂,就像人间仙境。

你肯定想知道,这些美丽的屋顶是怎么建造的吧?原来,

匠人们使用了一种特别的釉料，它能让普通的瓦片变得异常华丽，人们叫它琉璃。

什么是琉璃呢？琉璃是二氧化硅与铁、铜、钴等金属氧化物混合烧制而成的釉质物，属于陶瓷工艺。使用不同比例的金属物质，烧制出来的釉质会呈现出不同的颜色，这听起来是不是很神奇？

琉璃瓦，就是在普通瓦片表面涂上琉璃釉，然后在一定温度下烧制成彩色瓦片。琉璃瓦件在宋代就已经广泛运用于建筑之中了，到了明清时期已经成为尊贵建筑的标志。

不过，在明清时期它可是皇家专用的，而且不同的颜色都有严格的使用规定：只有帝王的宫殿可以使用黄琉璃瓦，亲王府和郡王府用绿琉璃瓦，而贝勒、贝子府则连绿琉璃瓦都不许使用，老百姓的房屋绝对不许使用琉璃瓦。

瓦片是怎样穿上彩色衣服的

在故宫里琉璃瓦随处可见，仅仅在太和殿的屋顶上，就用了超过 10 万件的琉璃瓦。那么这么多的琉璃瓦，都是怎么烧制出来的呢？

原来早在元世祖忽必烈建立元大都的时候，全国各地的手艺人就被召集到了京城，其中就有许多懂得烧制琉璃瓦的工匠，他们在今天北京西城区和平门外的海王村和西郊的门头沟建立了琉璃瓦工厂。

这么好看的琉璃烧制起来也是相当复杂的，从选料、设计、成型到素烧、施釉、釉烧等，光工序就有 20 多道。

首先，琉璃选料非常重要。烧制琉璃瓦所用的原料是来自琉璃渠村后山的页岩粉末——坩子土。用坩子土制作的瓦坯细腻光滑，呈月白色，上釉后极容易呈现釉彩本身的颜色。

但是，坩子土并非直接就能使用，需要先在水中浸泡去掉杂质，再加入一定比例的水，经工人反复踩压成泥状，再将泥团放入预先制作好的模具中，反复按压，脱模后，琉璃的素胎才算完成了。

说起来这个过程是不是有点儿像我们玩的橡皮泥呢？当然啦，这可比玩橡皮泥复杂得多。素胎模型完成后，工匠们会将它们烧造定型，素烧的温度要达到 1100℃－1200℃，一件屋瓦这样的小活件通常要烧六七天，像故宫屋顶正脊两端的吻兽这样的大件得烧八九天。

接下来，就要给它们穿上漂亮的衣服啦，这道工序叫"施釉"。釉彩的颜色有赤、白、黑、黄、青、绿、缥、绀、红、紫，到了清代又增加了桃红、翡翠绿和孔雀蓝，颜色越来越多，越来越好看。

"施釉"和小朋友们画画时的涂色可不一样，这个过程也有很多讲究。第一步要先"浇釉"，就是将调配好的釉色均匀地浇到素胎上，再用毛笔描画色彩不均匀的地方。

等釉自然晾干后，就可以进行下一步的工作啦，这次是放入"色窑"进行二次烧制，即"釉烧"。釉烧可不能用素烧时的高温了，釉烧的温度一般控制在660℃-990℃。一般瓦件需要烧7-10天，如果是大件则需要15-20天。

琉璃瓦

经过这两次的烧造之后，琉璃就可以出窑了。然后，再经过一周左右的晾晒，这些漂亮的琉璃瓦就可以排队等着被安放到宫殿建筑上去啦。

清朝初年，由于烧琉璃冒出的黑烟会污染城内环境，皇帝便下令将海王村的琉璃窑厂迁到了门头沟的琉璃渠，从此内外两个琉璃窑厂合并。

故宫各式各样的琉璃瓦除了色彩鲜亮，很多还刻有印章式文字的款识，上面记录着琉璃瓦制造的年代、使用琉璃瓦宫殿的名字、负责监督制造的部门、烧制的工厂和工匠名字等不同的信息。这些信息能帮助人们了解不同时期琉璃瓦的烧造情况，从工艺流程到工匠分工，再到严格的管理制度，再与相关文献记载对照，能起到印证历史的作用。

施釉

制作素胎

泥土有魔法 | 67

屋顶

庑殿顶

庑殿顶前后左右四面都有斜坡，有一条正脊和四条垂脊。庑殿顶是古代建筑中最高等级的屋顶样式，一般用于宫殿、庙宇等尊贵建筑物，可用单檐，特别隆重的用重檐，比如太和殿就是重檐庑殿顶。

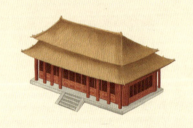

歇山顶

歇山顶的等级仅次于庑殿顶，它由一条正脊、四条垂脊和四条戗脊组成，又称九脊顶。其特点是在正脊两端，正脊与两条垂脊各形成一个三角形区域，叫山花。歇山顶有单檐和重檐，还有屋顶不设正脊而做成卷棚式的卷棚歇山顶等样式。故宫保和殿就是重檐歇山顶。

攒尖顶

无正脊，只有垂脊，根据脊数多少，可分三角攒尖顶、四角攒尖顶、六角攒尖顶、八角攒尖顶。若无脊，则为圆形攒尖顶。故宫的中和殿、交泰殿均为攒尖顶建筑。

硬山顶

硬山顶简单、朴素,有一条正脊和四条垂脊,只有前后两面坡,屋顶在山墙墙头处与山墙齐平。硬山式屋顶是一种等级比较低的屋顶形式,很少出现在皇家建筑或大型的寺庙中。

悬山顶

悬山顶与硬山顶非常接近,屋顶有一条正脊和四条垂脊,不同的地方是,悬山顶的屋顶伸出两端的山墙之外。

盝顶

是一种较为特别的屋顶形式,屋顶为四边形平顶,由四条与屋檐平行的脊勾连而成,四角有四条垂脊形成四个坡面。在古代大型宫殿建筑中这种屋顶极为少见。

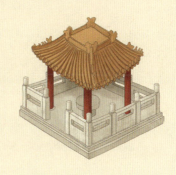

卷棚顶

又称元宝顶,屋面前后坡相交处不做明显的正脊,而是做成凸起的弧形曲面,这种屋顶因曲线优美,多用于园林建筑中,如颐和园中的谐趣园。

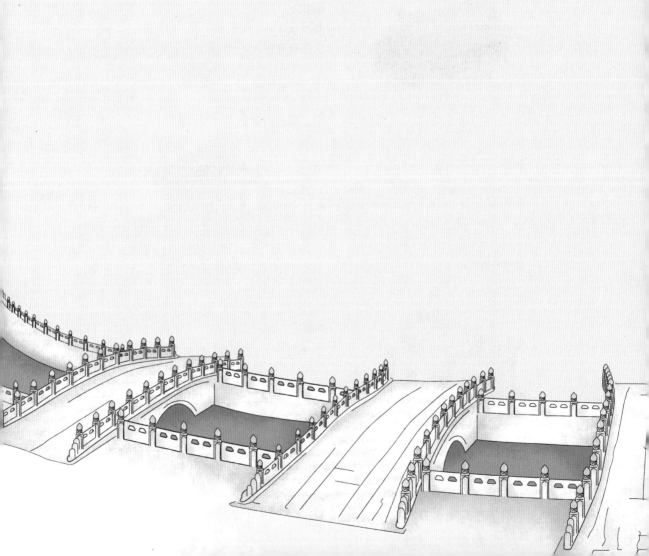

肆

建造有智慧

故宫为什么叫紫禁城

故宫一开始其实叫皇城,到了明代万历时才改叫紫禁城,那么为什么叫紫禁城呢?

这还得从天上的星官说起。

古人为了便于认识星辰、观测天象,将天空中的恒星分成若干组,其中的每一组就是一个星官,也就是现在西方国家所说的星座。整个星官系统主要由"三垣"星官、"四象"星官以及其他星官组成,星官也像人间一样,有严密的职能划分。

按照古代的天象观,以北极星为中心的诸星宿被划分为三个区域,是天上的三座城堡——分别是紫微星垣、太微星垣和天市星垣,这就是所谓的"三垣"。"垣"就是墙的意思,每一垣由两道星星联成的墙围出了接近圆形的区域,其中位于"三垣"中心的就是紫微星垣。

古人认为紫微星垣位于中天,位置永恒不移,是天帝的居所,又称其为"紫宫"。

为什么以北极星为中心的紫微星垣位置不动呢?这是因为北极星位于地轴的北端,地球自转时,北极星因为在地球转动的轴上,所以看上去相对不动。

古人讲究天人合一，皇帝作为天子，在人间的居所对应天上的紫宫，旧称皇宫为"禁中"，是中心之地，又相传皇宫对老百姓来说属于戒备森严、令人畏惧的禁地，所以皇宫又叫紫禁城。

紫禁城的整体布局也基本是法天象地的，但没有机械地照搬，而是取其本质，巧妙做了变通。

紫微星垣是天帝及其后妃居住的地方，紫禁城的内廷，包括乾清宫、交泰殿、坤宁宫以及东西六宫，是紫微星垣的映射。

太微星垣在紫微星垣的东北，是天帝处理政务的地方，紫禁城的前朝太和殿、中和殿、保和殿是太微星垣的映射。

午门是紫禁城的正南门，整体造型设计得像展翅飞翔的凤鸟，照应朱雀。神武门是北门，原叫玄武门，照应玄武。

这样的对应还有很多，小朋友可以自己去找找看。

故宫里的房子数得清吗

当人们来到气势雄伟的故宫，往往会问一个问题，这片神秘的红房子到底有多少间呢？

民间流传的是九千九百九十九间半，怎么还有半间呢？传说永乐皇帝建造皇宫时本来打算建一万间房子，但在工程开工前，他做了一个奇怪的梦，梦见天上的玉皇大帝生气了，因为只有天宫才能建一万间房子，地上的皇帝不能和天上的玉皇大帝一样啊。所以梦醒后，朱棣就下令只建九千九百九十九间半，比玉皇大帝少半间。这半间房就是文渊阁楼下西头的一个小屋，因为房间太小，只能容个楼梯，就算半间房。

这个传说当然不是真的，但是1972年专家们认真地计算了一番，得出的结论是，故宫实际只有8707间房。但即使如此，如果一个人从一出生就在故宫住，每天换一个房间，等他住完所有的房间，也已经是一个将近24岁的青年人啦。

不过，古代皇帝们的确非常喜欢九和五这两个数字！故宫里很多建筑都是"面阔九间，进深五间"。

前朝太和、中和、保和三大殿的"土"字形大台基，南北相距232米，东西相距130米，如果你将两个数字相除，就会发现它们的比值约为九比五。

故宫里有很多扇门，门上装饰有门钉，门钉的数量也跟9有关。一般为9行，每行都是9个，一共81个，也是9的倍数。另外，锡庆门内的九龙壁，在正立面用琉璃镶嵌了9条龙，被分隔在5个空间。像这样运用九五之数的地方，在故宫里比比皆是。

为何故宫崇尚九五之数呢？据说这是因为在古代，人们将数字分为阳数和阴数，奇数代表阳，偶数代表阴，九是最大的阳数，五居正中，故用"九五"代表皇帝，称其为"九五至尊"。

还有人认为，这与《易经》有关。乾卦是六十四卦中的首卦，代表天，而"九五"是乾卦六爻中最好的，所以用"九五"代表皇帝。

故宫里有很多地方都或明或暗蕴含着九五之数，小朋友在参观故宫的时候，不妨找找看。

皇家匠人"样式雷"的故事

传说在康熙皇帝重修太和殿时,曾发生过一个有趣的小故事。

太和殿是皇宫的正殿,康熙皇帝非常重视,亲临上梁典礼。但当时因为木材匮乏,太和殿用的梁是仓促从明陵拆卸下来的,上梁时大梁举起后,榫卯悬而不合。这可急坏了当时主持修缮的工部官员,这时候要是出了差错,可是会掉脑袋的。

此时,有位官员急中生智,连忙找到雷发达,给他换上官服,让他上去,只见他啪啪几斧头,很轻松就完成了任务。康熙皇帝容颜大悦,当面授予他"工部营造所长班"一职。

虽然学者对于这段传说多有质疑,认为上梁的不可能是雷发达,应该是他的儿子雷金玉。但这丝毫没有影响雷氏家族这段佳话的广泛传播。

雷氏家族,自雷金玉开始,在此后的两百多年间,先后有七代人执掌宫廷"样式房",很多知名皇家建筑,像颐和园、天坛、承德避暑山庄等都是出自他们之手,这个建筑世家被后人尊称为"样式雷"。

"样式雷"最大的贡献是"烫样"。所谓"烫样"就是在施工之前做出一个专门供皇帝审核的建筑模型。清朝的皇帝们都非常喜欢雷氏家族的建筑烫样,后来还有了"样式雷建筑烫样"的叫法。圆明园、故宫、北海、颐和园、承德避暑山庄等

样式雷烫样

明清建筑工程中用纸、纸板、纸浆等制作建筑模型。因制作时需用熨斗烙烫成型,故称烫样。烫样的制作包括梁、柱、墙体、屋顶、装修等建筑的主要部位,需要用到多种材料,其中,梁和柱采用秫秸和木头制作;不同类型的纸张用胶水黏合成纸板,然后根据需要裁剪成墙体;屋顶制作最复杂,首先利用黄泥制成胎膜,然后将纸用胶水黏合在胎膜上,晾干后,成型的纸板就是屋顶形状;装修的制作方法类似于墙体,然后再在上面绘制图纹或彩画。

许多重要皇家宫苑中的建筑烫样都是"样式雷"的代表作品。

小读者们可能会好奇,为什么要制作烫样呢?这是因为,如果只画一张图纸,可能只有具备专业知识的建筑工匠能看懂,皇帝还是不明白要建造的房子是什么样子。为了让皇帝看得更直观,古代设计师就想了个办法,通过制作烫样来展示建筑效果。

烫样其实就是古建筑的立体模型。虽然它的样子很小,却非常重要。大到宫殿、城门,小到一扇屏风、一块石碑,建造前都得先按照比例制作出烫样。

"样式雷"制作烫样,有自己独创的一套建筑设计画图法,不仅用料精细,制作过程也十分严谨。烫样上还会贴上黄色标签,标注上各部件的名称、尺寸以及施工方法。他们制作的烫样,既可以看到建筑的外观,还可以打开房顶和窗户,看到它的内部结构、彩绘样式等。

"样式雷"除了为我们留下一座座精美的建筑,他们留下的图纸和烫样,也成为后人研究中国古代木结构建筑营造的珍贵资料,据说这些图档目前在国内有两万余件,一部分被保存在国家图书馆,另一部分在故宫博物院。

故宫的排水妙招

2016年夏天,北京连着下了多场暴雨,北京城区几乎变成一片"汪洋大海",故宫却没有受到太大影响,这不禁让人心生好奇。

当时北京大部分城区都已水满为患,故宫里不但没有明显的积水,有的地方地面上甚至没有明显的雨水痕迹。故宫为什么不积水呢?原来它有一套独特的排水系统。

早在紫禁城建造之初,人们就考虑好了排水问题,巧妙利用了地势产生的坡度,为自然排水提供了条件。

故宫整体呈北高南低的地势,而在建造宫殿时,每个庭院又都设计得中间高、两边低,这样每个庭院的雨水都能从两个方向排出,中间的流向两边,后院的排到前院。

除了利用坡度,还必须结合排水沟,才能全面彻底地解决排水的问题。故宫的排水方法主要是利用坡度,使雨水自然流进排水沟道,最终汇入金水河。

为此,紫禁城在房屋四周都修有石槽,这就是排水明沟,庭院中顺势流过来的雨水,首先会流入明沟,若是遇到建筑物或台阶,则凿"沟眼"穿过,地面和明沟的水最终会通过入水口流进暗沟。这个入水口多用方形石板雕镂成明清时期钱币的形状,所以叫"钱眼"。

明沟、暗沟纵横交错，遍布紫禁城的每个角落，形成了一个发达的排水网，总的方向是东西方向的水汇入南北方向的水沟，最后全部汇入金水河。

三大殿是紫禁城最重要的建筑，它们都建在一个8米多高的三层台基上，台基也是中间高四周低，雨水自然向四面流泻。每层台基周围的汉白玉栏杆底下都有排水小孔，栏杆的望柱外缘和基座转角处则伸出一个个雕刻精美的龙头，叫螭首，它的嘴里连着凿通的排水孔。

太和殿的三层须弥座上共有1100多个螭首，每遇大雨滂沱，雨水很快会从排水小孔和螭首的嘴里排出，此时你还能看到"千龙吐水"的壮观景象呢。

这就是故宫不积水的原因了，它的秘诀在于，无论在高处，还是在地面，凡雨水所到之处，都不给它停留的机会，人们会想方设法为它们找到流进金水河的路。

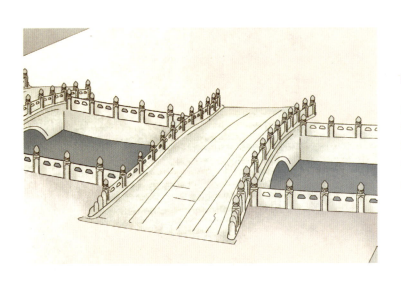

内金水河

内金水河是皇宫里唯一的河流，在故宫排水系统中发挥了非常重要的作用。内金水河两头接护城河，全长约两公里。

建造有智慧 | 79

千龙吐水

太和殿台基栏杆的望柱外侧，有一千多个排水用的龙头，每逢大雨，就会出现"千龙吐水"的奇观，雨越大越壮观，真是伟大而巧妙的设计！

故宫里有烟囱吗

北京的冬天漫长而寒冷，但故宫里却很少看到烟囱，这是怎么回事呢？皇宫里难道不需要生火吗？皇帝是怎么取暖的呢？

前面我们已经说到，故宫的梁柱和屋檐，是根据北京的太阳高度角精心设计的，冬天可以让室内充满阳光，同时故宫的人字形屋顶和厚实的墙壁，也有利于室内保暖。从布局上看，故宫各宫殿又都是以中轴线为中心坐北朝南的建筑，这样能最大化地利用阳光。此外，故宫内有宫墙，外有高高的城墙，可以有效地抵御寒冷的西北风。

不过，要对抗北京 -20℃的低温，光这些还远远不够，生火取暖是必不可少的，看不见烟囱，是因为故宫取暖的方式非常独特，用的燃料也十分特别。

紫禁城冬天室内主要靠火地取暖，就是先在室内地下铺设烟道，用烧火产生的热气来烘暖地面，提升室内的温度。它的原理类似我们北方的火炕，到现在北方的很多地方还在使用火炕呢。

火地究竟是怎么工作的呢？要回答这个问题，我们必须先说说它的构造，它主要由操作坑、炉膛、主烟道、分烟道和排烟口组成。操作坑是烧火的地方，一般都紧贴在槛窗墙下。

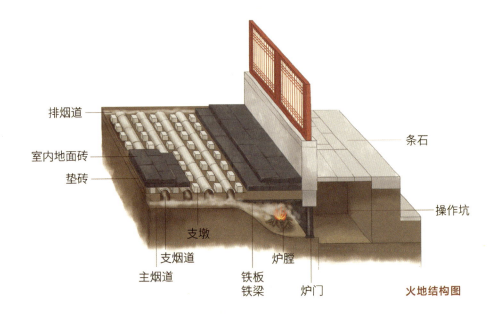

火地结构图

操作坑连着炉膛，炉膛后面是主烟道，主烟道又分出若干分烟道，最后是排烟道。从炉膛冒出的热烟就是顺着烟道弥漫整个烟室的，最后再通过排烟道从排烟口排出。

排烟道其实就是我们所说的烟囱，只是故宫设计得比较巧妙，我们不容易发现而已。它主要有两种，一种是在房屋的后墙里垂直铺设，排烟口在墙顶上，一般为人字坡，上覆遮盖物。另一种是在前房檐下的台基处，呈古币的形状，小朋友若是去故宫参观，不妨找找看。

由于加炭烧火的操作坑和排烟口都在室外，所以既不用担心烧火时的烟气会进入室内污染环境，也不必害怕会煤气中毒，再说，紫禁城用的燃料是一种无烟煤，几乎没有什么烟。

如果非要问，故宫里到底有没有我们常见的那种高烟囱，其实还真有，一共三座，分别在坤宁宫（一座）和宁寿宫（两座），只是早已经不用了。

紫禁城宫用的燃料也十分特别，是御用的无烟煤。这种燃料产生的烟雾很小，也是紫禁城不会烟雾缭绕的重要原因。

故宫里为什么放了很多大缸

如果你去过故宫，肯定会发现一个奇怪的现象，许多宫殿前都放有大缸，有青铜的、铁的，还有镏金铜的。故宫里为什么要放这么多大缸呢？

虽然这些大缸很精美，但最初却不是用来装饰宫殿用的，它们可是皇宫里重要的防火设备呢。

要知道故宫里的大部分建筑都是木制的，干燥的木材很容易着火，再加上故宫的内外檐还绘制有大量易燃的油饰彩画。所以，故宫特别怕火。

事实上，六百岁的紫禁城也确实曾多次遭遇火灾，有记载的重大火灾就达四五十次。太和殿、乾清宫等重要建筑都曾经被烧毁过。最惨的是乾清宫，一共遭遇过七次火灾，太和殿也被烧毁过四次，现在大家看到的太和殿是后来复建的。因此，后来的历代皇帝都非常重视防火。

但古时候没有自来水，没有消火栓，也没有化学灭火器，那故宫里是靠什么来灭火的呢？也许你已经猜到了，就是靠这些大缸。它们每天由专人管理，每口缸可装水3000多升，要时刻保持盈满状态。

为了防止缸里的水在寒冷的冬季结冰，这些大缸在冬天都会穿上厚厚的棉套，戴上帽子（加盖），特别冷的时候，还要在缸下的汉白玉石基座里放一个炭火盆，并保证日夜不熄。宫中一旦失火，这些水就派上用场啦，这可是离宫殿最近的水源。

尽管紫禁城里有70多口水井，308口大缸，但是一旦发生大火，这些肯定是远远不够的，必须有充足的水源。

古人早已经想到这一点，为此他们为紫禁城引来一条河，这就是内金水河，因其水源来自西边的玉泉山，西方属金，故名。

这条河从紫禁城西北角楼处的护城河进宫，顺着北高南低的地势，沿西城墙往南流至西华门附近，再向东流经武英门、太和门广场、文华殿等区域，出东华门，汇入护城河。

尽管这条河还有许多其他功能，但如此曲曲折折地让它穿越紫禁城最重要的宫殿，无疑是为了便于取水灭火。收藏《四库全书》的"皇家图书馆"文渊阁，特意建在文华殿处内金水河之后，也是为了取水方便。

另外，防火墙也是紫禁城常见的防火设施。一种是隔火实墙，很多宫殿都用宫墙围成了独立小院，紫禁城被分割成很多区域，一旦哪个宫殿起火，能有效地阻止火势蔓延。在室内也有这样的隔火实墙，比如，在乾清宫的东、西厢房，就设有四道。

还有一种防火墙，是将硬山顶房屋的后檐墙做成封护檐。在紫禁城里硬山顶的房屋地位比较低，一般是太监宫女值守的房子，在雍正之前，一般都在前后檐墙开设门窗，以利于通风、采光，但经常有人在里面生火做饭、取暖，易引发火灾，为此雍正皇帝下令，严禁在后檐墙开设门窗，以免火势殃及其他宫殿。后来逐渐发展为中国古建筑后檐墙的施工工艺——封护檐。

康熙皇帝对防火就非常重视，他还设立了专职的防火机构——火班，又称激桶处。激桶就是古人的"灭火器"，它附带水箱，通过木杆上下活动带动活塞吸水储水，最后水柱从铜管喷出，高达数米，激桶的原理就像一个大号喷水枪，所以又称"水龙"。

因为这些科学而有效的防火措施，清朝发生的火灾次数比明朝明显减少，康熙皇帝在位时间最长，宫中失火次数却最少。

门海

故宫大缸又名"门海"，意为"门前大海"，古人认为有大海的守护就不会有火灾。因此，大缸又被称为吉祥缸、太平缸。据史料记载，故宫里的大缸原有308口，现存231口。

暑天皇上想吃冰

在古代,还没有发明电,更没有风扇、空调和冰箱等现代化设备,而北京的夏天又酷热难耐。尤其在乾隆八年,据史料记载,北京及其周边出现了罕见的高温,气温高达44.4℃,导致很多老百姓在酷暑中死去。

可这么热的天,皇宫里的皇帝不但没有受苦,还能悠闲地吃冰,这是怎么做到的呢?当时皇宫里是怎么防暑降温的呢?

古人自有古人的办法!原来自周代起,人们就已经懂得利用天然冰了,在冬天会专门派人去采冰,然后将它们储存在冰窖里,以备夏天使用。皇宫里用的就是类似的冰窖,到了夏天,冰窖能源源不断地为宫廷提供冰块。

在清代,冰窖分为官窖、府窖和民窖,官窖就是由政府建立和管理的冰窖,专门供宫廷和官府用冰。各个冰窖的冰块都是来自河、湖里的天然冰。每年立冬之后,准备采冰的河段,要先"涮河",就是清理河里的水草等杂物,打开上游的水闸放水冲刷,再关闭下游的水闸蓄水。

冬至过后约半个月,也就是"三九"时节(此时是冬天最冷的时候,河里的冰也冻得最结实),开始从紫禁城的筒子河、北海及中南海、御河等处采冰。如果是食用冰,就在这些河、湖里挖一个水池,提前存入干净的食用水,以备结冰采集。

采冰

采冰是个"技术活",因为白天有太阳,冰块在阳光的照射下容易融化,影响保存质量,采冰工匠都是在寒冷的晚上干活的。"三九"时节,天气最冷,这时候的冰也冻得最硬,他们拿着钩镰枪、绳子到湖面上去采冰,先按规定的大小画好线,再沿着线用钩镰枪戳冰,然后将它们钩到河岸边,用绳子捆好,放到排子车上,运回皇宫。"采冰人"必须一直干采冰的工作,直到去世,中间不允许换其他职业。

官窖采冰，对冰块大小也有明确规定，每块约为 0.5 米见方（就是边长为 0.5 米的正方形的面积），重约 80 千克。采完冰的冰面还会再次冻住，还可以再采，每年可反复采三到四次，直到装满冰窖。

采好的冰块要及时运回冰窖。目前故宫现存的冰窖有四座，位于隆宗门外西南约 100 米处。

从外面看，四座冰窖都是南北走向的建筑，硬山顶，元宝脊，灰白墙壁，没有窗户，只在两边的山墙上各开一个券门。而冰窖内部则是半地下的拱券式建筑，从门洞进入可到达地窖底部。

地窖的地下部分深约 1.5 米，墙厚达 2 米，四周墙壁先砌条石、再砌条砖形成券顶，这使地窖具有很好的恒温和隔热效果。同时，地窖的地面满铺大块条石，在一角还留有沟眼，为的是排放融化的冰水，以保持冰窖干燥。每个地窖东西宽约 6 米，南北长约 11 米，可存冰 5000 多块。

采来的冰会在冰窖里从里到外、从下到上层层码放，直到窖顶，装满后封闭窖门，等来年夏天使用。

皇宫里一般在五月初一到七月底供应冰块，那么皇宫里又

是怎么用冰的呢?

这就要说到清代宫廷里早就普遍使用的"冰箱"了,对,就是冰箱,只不过这是一种用天然冰块制冷的木制冰箱,叫"冰桶"或"冰鉴"。它的外面是木制的,口大底小,呈斗状,上面有盖板,两侧有便于搬运的铜环,足下有可防潮湿的托。

木制冰箱的秘密在它的里面,它是用导热性很弱的铅或锡做里子,具有很好的隔热效果,可以延长冰的使用时间。它的盖板也有讲究,两块盖板一块固定在上面,另一块是活的,可随时取下来,放冰块和需要冰镇的食物。另外,它的下面还有小孔,可及时排出冰水,保持箱内干燥;盖板上也有通气孔,可随时通风,保持食物新鲜,还能排出冷气,降低室内温度,这算不算是皇宫里的"空调"呢?

只是这种木冰箱制作成本比较高,仅限于宫廷和上层贵族使用,一般的老百姓是用不起的。

在了解了紫禁城里是如何采冰、藏冰和用冰之后,现在你明白皇帝暑天是怎么吃上冰的了吧?

写给孩子的话

小朋友们,建造故宫的"魔法",既是古老的,也是年轻的,它凝聚着无数先人的智慧,传播着悠久的中华文明,有些"魔法"工艺直到今天依然在中国大地上延续,显示出强大的生命力。

这样的"魔法",展示着古老的"匠心",那些精湛的工艺与高超的技术,这种工匠的精神横穿中华文明五千年的历史,一脉相承,在每一个时代发光,在每一座建筑上闪亮。

这样的"魔法",可以让我们在故宫中与历史连接,感受它的魅力;也可以让我们在现实中与智慧连接,解锁未来,创造出更多美好的事物。

期待每一位热爱故宫的小朋友,都能成为厉害的"魔法师"!